LA
GUERRE DE 1884

SES CONSÉQUENCES

ET

L'EUROPE EN 1900

NICE

IMPRIMERIE ADMINISTRATIVE, CONSO-SASSERNO
Rue du Pont-Neuf, 11

—

1883

PRÉFACE

—

J'ai commencé, en plaisantant, ce modeste opuscule ;
mais, peu à peu, les conséquences, *immédiates ou
éloignées*, de la guerre de 1884, me sont apparues
tellement sérieuses, que le rire m'eut semblé un crime
de lèse-patrie.

L'intelligent lecteur saura facilement faire la part
de la fantaisie et de la réalité.

Qu'on ne m'accuse pas de haine ou de pessimisme.

Je réserve mes plus grandes sévérités pour mon
pays.

Je ne hais aucun peuple.

Je trouve que, dans une Europe harmonique, la
grande race allemande a une place nécessaire.

Deux raisons seules me font détester la Prusse. Elle
a conquis et détient, contre leur gré, des populations
polonaises, danoises et françaises. Elle a donné, à
l'Europe, l'exemple de l'entretien des armées nombreuses qui, j'ai l'honneur de le croire avec un illustre
maréchal allemand, nous menacent de cinquante ans
de luttes sanglantes.

Avant de me taxer d'exagération, qu'on réfléchisse
si la défaite simultanée de la Russie et de la France
ne mettrait pas l'Europe à la merci de l'Allemagne.
Le passé récemment conquérant de cette puissance
nous apprend quels pourraient être ses appétits, aigui-
sés par les hors-d'œuvre qu'elle a déjà pris.

Au lieu des groupements artificiels imaginés par
M. de Bismarck, je crois que, en attendant le lointain
idéal de ses états-unis, l'Europe trouverait son repos
dans des alliances qui, par une heureuse chance,
concilient l'affinité de race avec la moindre discor-
dance des intérêts.

Un journal, que je remercie ici, a bien voulu déjà publier le programme suivant que je recommande aux méditations de mes frères latins.

La race latine a peuplé les bords septentrionaux de la Méditerranée où elle doit régner, sans partage, jusqu'aux points où elle rencontre une amie : la race slave....

Italiens, Espagnols, Portugais, Français, Roumains, Hellènes, soumettons nos différends à un tribunal latin, prenons possession de toutes les terres qui nous appartiennent sur le continent européen, soutenons nos frères d'Amérique, unissons-nous par des traités douaniers et allons, soit ensemble, soit séparément, coloniser l'Afrique arrosée depuis si longtemps de notre sang.

LA GUERRE DE 1884

SES CONSÉQUENCES

ET

L'EUROPE EN 1900

1re PARTIE. — AVANT LA GUERRE

Pendant le printemps de 1884, il se forma à Paris un formidable complot. Le Président de la République, qui avait reçu officieusement communication d'une demande de désarmement général, présentée par quatre puissances européennes, désirait déclarer la guerre. Il rencontrait dans le Parlement beaucoup d'opposition, et un pointage minutieux avait établi qu'il ne trouverait, pour appuyer ses projets belliqueux, que six voix au Sénat et quinze à la Chambre, dont plusieurs douteuses. Aussi M. Grévy méditait-il un coup d'Etat, pour se faire proclamer empereur, sous le nom de Jules César Ier, avec l'appui de M. Clémenceau qui devait être nommé Dauphin. En outre le Président avait pour complices MM. Jules Ferry, de Freycinet, Challemel-Lacour, Spuller, Arago, Paul Bert et tutti quanti.

Aussitôt le coup d'Etat effectué, Jules César devait se mettre, comme général en chef, à la tête de l'armée, et déclarer ensuite la guerre à tous les voisins de la France.

Dans les conciliabules qui étaient tenus, M. Paul Bert insistait pour le rétablissement du pouvoir temporel du Pape. M. Challemel-Lacour était non moins énergique pour demander la restauration du roi de Naples et des ducs de Toscane et de Parme. M. Spuller déclarait que des mânes illustres ne seraient apaisés que par l'annexion du Piémont jusqu'à Gênes. M. de Freycinet pensait que la France devait reprendre les frontières du Rhin aux dépens de la Belgique, de la Hollande, de l'Allemagne. M. Arago trouvait que l'empire français ne devant plus tolérer, à ses portes, une république, il était nécessaire de s'annexer la Suisse. Enfin, M. Jules Ferry estimait que M. Wilson avait droit à une compensation qu'on pouvait lui offrir dans la Navarre espagnole, érigée en royaume.

Malheureusement pour les conjurés, le Chancelier allemand avait envoyé en France, quelques centaines d'inoffensifs et pacifiques Germains qui trouvèrent que leur conscience les obligeait à dévoiler les noirs complots du pays dont ils mangeaient le pain. Dans l'intérêt de la paix qu'il a toujours eu tant à cœur, le premier ministre de l'Allemagne dénonça la conjuration, au monde civilisé, par l'organe de la *Norddeutsche Zeitung*. Aussitôt, avertis, les membres du Parlement français se hâtèrent de quitter Paris et de se réfugier à Bourges où ils votèrent la mise en accusation du Président. Ensuite, pour bien confirmer que leurs sentiments n'avaient cessé d'être pacifiques, les chefs des groupes parlementaires déposèrent un projet de note aux ambassadeurs dont l'original s'est perdu, mais qui était, à peu près, conçu dans les termes suivants :

« Par notre communication télégraphique de ce
« matin, vous aurez appris que le Congrès a mis en
« accusation le Président. Aussitôt le régime de la loi
« rétabli, nous nous empresserons de reprendre nos
« relations régulières avec les puissances étrangères.
« C'est avec la plus grande satisfaction, que la
« France a été informée de la demande de désarme-
« ment général. Si nous avions un regret à formuler,
« ce serait celui de n'avoir pas pris l'initiative de cette
« proposition. En attendant qu'elle soit acceptée par

« toutes les puissances européennes, veuillez bien vous
« pénétrer, M. l'ambassadeur, de l'esprit dans lequel
« nous y adhérons.

« Le siècle dans lequel nous vivons, les idées de
« progrès et d'humanité qui s'y sont fait jour, impo-
« sent de grands devoirs au monde moderne et parti-
« culièrement à l'Europe qui a été le berceau de la ci-
« vilisation. La belle proposition que viennent de
« faire les puissances ne peut donc avoir pour corol-
« laire que la paix et la disparition de l'antagonisme
« entre le droit public et le droit privé. Le meurtre
« cessera d'être désormais un titre de gloire. Les so-
« ciétés pour la protection des animaux et contre la
« vivisection pourront fleurir, sans qu'on leur reproche
« de ne pas songer d'abord à l'homme. La guerre ne
« sera plus maudite par les veuves, par les orphelins,
« par les habitants des lieux dévastés ou incendiés.

« Les graves inconvénients de la paix armée dispa-
« raitront également. L'Europe n'entretiendra plus des
« millions de soldats choisis parmi les hommes les
« plus valides qui coûtent sans produire. La suppres-
« sion des milliards des budgets de la guerre, permet-
« tra la réduction des impôts. Les hommes jeunes prê-
« teront leurs bras à l'industrie. Le vieux monde
« pourra ainsi lutter, à armes égales, contre la concur-
« rence sans cesse grandissante des Etats-Unis d'Amé-
« rique.

« La France est heureuse de voir que la fin du
« xixᵉ siècle sera marquée par le pas le plus gigan-
« tesque que puisse faire l'humanité, par le triomphe
« définitif du droit sur la force, par la séparation dé-
« sormais infranchissable entre l'homme et la brute.
« Notre pays ne peut donc que s'associer, avec recon-
« naissance, à la proposition des puissances ; mais
« nous estimons que, pour maintenir fermement la
« paix, il est indispensable d'instituer un tribunal in-
« ternational auquel seraient soumis, sans appel, tous
« les différends qui peuvent surgir entre les puissances
« européennes.

« La constitution de ce tribunal devant etre telle
« qu'elle donne des garanties complètes aux nations
« indépendantes les plus faibles, nous proposons de
« le composer ainsi qu'il suit :

« Belgique . . . . 3 membres.
« Hollande . . . . 3 id.
« Suisse . . . . . 3 id.
« Danemark . . . 3 id.
« Suède et Norwège . 3 id.
« Portugal . . . . 3 id.
« Grèce . . . . . 3 id.

« Tous les autres États de l'Europe, quelle que soit
« leur importance, fournissant chacun un seul mem-
« bre.

« Veuillez, M. l'ambassadeur, donner lecture de
« cette note au Ministre des affaires étrangères du
« gouvernement près duquel vous êtes accrédité et lui
« en laisser copie. »

Au moment où, par un ordre du jour motivé, la
Chambre allait approuver cette note, arriva, sous les
ordres du général Thibaudin, un régiment qui, au pas
de charge, envahit l'Assemblée et fit prisonniers tous
ses membres. En même temps le général Faidherbe, à
la tête d'une escouade, faisait mettre les menottes à ses
collègues du Sénat.

L'Empire fut ensuite proclamé, sans opposition,
dans tout le territoire français et un plébiscite le ratifia
par douze millions de suffrages.

En apprenant ces nouvelles, l'Allemagne, l'Autriche,
l'Italie et l'Espagne réunirent à Berlin un Congrès pour
aviser. Le prince de Deux-Marques ouvrit la séance en di-
sant, qu'il serait souverainement pénible à l'Allemagne,
de déclarer la guerre qu'elle ne ferait que contrainte et
forcée. Pourtant, dans l'intérêt de l'humanité, il estimait que, comme on l'enseigne aux jeunes germains,
on devait rayer la France de la carte de l'Europe, et
couper le cou à ses habitants. Un général allemand
présent à la réunion, dit à son tour que, dans le but
d'admirer les beautés de la nature, il avait fait, de
petites excursions dans les Alpes, sous la protection
des lois françaises et qu'il se garderait bien de violer
les règles de l'hospitalité, chères même aux sauvages,
en dévoilant un petit plan d'invasion qu'il avait médité
pour le seul amour de l'art, si les Français ne se con-
duisaient pas de façon à être mis au ban des nations.

Le ministre espagnol fit observer que le général Thibaudin avait, au contraire, agi en véritable espion, lors de son inspection des forts français. L'envoyé italien se hasarda à remarquer qu'il serait préférable, avant de commencer les hostilités, de renouveler la proposition de désarmement; mais le prince de Deux-Marques lui fit sagement comprendre que, dans une question de désarmement, il s'agissait de désarmer d'abord ses ennemis, et que, lorsque la France et la Russie seraient réduites à l'impuissance, les alliés pourraient désarmer à leur tour. Le ministre espagnol accepta cette conclusion, mais les ambassadeurs de l'Autriche et de l'Italie ne se rallièrent à cette solution que la mort dans l'âme. On observa que le chancelier autrichien paraissait troublé pendant la réunion et on remarqua beaucoup un entretien particulier qu'il eût avec le prince de Deux-Marques. Suivant des indiscrétions, ce dernier lui aurait fait entendre que, cette fois, le souverain autrichien serait autrement payé que lors de sa coopération à la guerre contre le Danemark qui, autrefois, menaça si sérieusement l'indépendance de la Prusse et de l'Autriche.

2mo PARTIE. — PENDANT LA GUERRE.

En conformité des résolutions arrêtées à Berlin, les quatre puissances déclarèrent la guerre à la France ainsi qu'à la Russie suspecte de sympathies pour la première; on manifesta solennellement qu'on ne faisait pas la guerre aux Français et aux Russes, mais à leurs gouvernants.

L'Angleterre et tous les autres États de l'Europe, firent une déclaration de neutralité.

Pendant la guerre, on mit aux postes d'honneur les Italiens et les Autrichiens non germains. Les Espagnols furent seuls chargés d'attaquer par les Pyrénées. Les soldats allemands, de race supérieure, furent conservés à l'arrière-garde pour le plus grand bien de l'humanité.

La lutte fut longue, sanglante. Toute commune russe ou française qui résistait, était brûlée et ses habitants fusillés. A la fin, les alliés se rendirent maîtres de tous les pays ennemis et les armées françaises et russes furent détruites ou devinrent prisonnières de guerre.

Les armées italienne, espagnole et slavo-hongroise rentrèrent dans leurs foyers couvertes de gloire, mais ayant perdu la moitié de leurs effectifs.

La guerre terminée, les quatre puissances se partagèrent les dépouilles.

L'Espagne s'annexa tout le midi de la France jusqu'à la Garonne. A cette occasion, voulant reconnaitre les services de son ministre, le roi, qui connaissait son profond amour pour la France, lui donna le titre de prince de la Rive de la Garonne.

Après la guerre, un senor Busco, qui avait accompagné le prince pendant la campagne, écrivit des mémoires un peu moins lus que ceux publiés, après 1870, par un secrétaire du chancelier allemand, mais témoignant comme eux des sentiments nobles, élevés et humanitaires.

Dans l'introduction de ces mémoires, on rappelait un incident qui avait contribué à produire le refroidissement entre la France et l'Espagne. Après son couronnement, à Reims, Jules César était allé en Angleterre pour tâcher d'y nouer une alliance. La Reine l'avait nommé colonel d'un régiment à Gibraltar où l'empereur se rendit pour assister aux manœuvres de l'armée anglaise. L'Espagne entière, qui aimait la France, reçut cette nouvelle avec une pénible et douloureuse surprise ; mais, pour ne point blesser une nation sœur, les Espagnols résolurent de n'en rien laisser paraître au souverain français qui devait passer par Madrid dans son voyage de retour. Quelques espagnols pourtant n'étaient pas sans quelques appréhensions, car ils se rappelaient les visites de l'impératrice Eugénie et des princes de Portugal. A son arrivée dans la capitale espagnole, Jules César fut reçu, à la gare, avec tous les honneurs dus à son rang, par les membres du gouvernement ; mais la populace madrilène eut le grave tort de siffler l'empereur comme l'avaient fait les Bruxellois pour un roi de Prusse et M. de Bismarck, et les Allemands pour Napoléon III. Le roi d'Espagne fit spontanément des excuses, la presque unanimité des journaux espagnols déplora et condamna cette manifestation ; mais l'opinion en France ne sut pas assez séparer le peuple espagnol d'une minorité recrutée dans une population cosmopolite qui, malgré ses incroyables prétentions, était de toute l'Espagne, une des moins mûres pour la liberté.

L'Allemagne prit à la Russie les provinces Baltiques et la Pologne. Elle s'annexa, pour les préserver à jamais de l'ambition française, la Hollande et la partie flamande de la Belgique. De la France, elle eut toutes ses colonies et treize de ses départements du nord et de l'est. De plus, un corps d'armée allemand devait occuper Arles d'une façon permanente. L'Autriche lui donna tous ses pays allemands y compris la Bohême ; plus, à titre temporaire, pour les rétrocéder à l'Italie, le Trentin, Trieste et une partie de la Dalmatie. En outre, l'Allemagne, qui, pendant la guerre, avait occupé le quadrilatère italien, demanda quelques mois de délai pour procéder à son évacuation.

Peu de temps après le traité de paix, le Danemarck, la Suède et la Norwège, bien qu'étant restés neutres pendant la guerre, furent forcés d'entrer dans la Confédération Germanique. On reprochait au premier de ces pays d'avoir pour roi le beau-père du Czar et on craignait les tendances républicaines de la Norwège.

Enfin le prince de Deux-Marques fut nommé grand-protecteur de la liberté helvétique.

En compensation de ses provinces cédées à l'Allemagne, l'Autriche eut le Montenegro, la Bulgarie, la Bessarabie, la Roumélie et le reste de la Turquie d'Europe. Tous ces pays avaient été occupés par les alliés pendant la guerre afin de les défendre contre une invasion russe. L'Empereur devint le chef de la Confédération des Balkans qui se composa, avec l'Autriche, de la Serbie, de la Roumanie et de la Grèce. Les rois Charles et George protestèrent bien un peu ; mais on leur fit observer que la Roumanie et la Grèce, désirant chacune leur unité, ces unités venaient en fait d'être constituées puisque tous les Roumains et tous les Hellènes, directement ou indirectement, étaient placés sous le sceptre des Habsbourg.

L'Italie eut pour sa part la Corse, la Savoie, Nice et une partie de la Provence. En acceptant ces provinces le gouvernement italien déclara qu'il n'entendait pas, par là, blâmer la généreuse conduite de son noble souverain en 1871. En même temps, il demanda la rétrocession immédiate des pays italiens cédés par l'Autriche et l'évacuation du quadrilatère ; mais, sur les observations du prince de Deux-Marques, il consentit à un court délai, pour la remise des provinces italiennes.

Comme compensation, on donna au sultan la Crimée et la partie sud de la Russie depuis le nord du Caucase, de façon à lui former, avec la Turquie d'Asie, un tout compacte. On y adjoignit, en abolissant le kédivat, l'Egypte où l'Angleterre était en train de creuser un second canal. L'armée, les finances, furent confiées à des ministres et des employés allemands. Un droit de trente francs par tonne fut imposé à tous les navires, autres que ceux des alliés, transitant par Suez. L'Angleterre protesta, mais elle n'avait pas la force pour appuyer sa protestation et elle n'eut que la ressource de faire, comme autrefois, doubler le cap à ses navires.

Les cinq puissances s'unirent par des traités de commerce qui prohibaient, sur leurs territoires, l'entrée des marchandises autres que celles de provenance espagnole, allemande, autrichienne ou turque. On imposa cette condition, sans réciprocité,à la France et à la Russie.

Pendant la guerre européenne, le gouvernement de sa Majesté Britannique avait observé que les *natifs* de l'Inde avaient donné des signes d'agitation. Après la prise de possession des colonies Françaises par l'Allemagne, il se répandit dans la péninsule gangétique une nuée de Germains, amoureux sentimentaux de la nature et curieux de connaître les coutumes des indigènes. Peu après une mutinerie éclata. Hindous, Musulmans, Djeinas, Boudhistes et jusqu'aux pacifiques Parsis prirent part, avec enthousiasme, au mouvement auquel même se joignirent, les plus fermes soutiens de la domination anglaises, les braves Sikhs et Gourkas. Après une longue résistance qui fut une véritable épopée, les anglais durent évacuer l'Inde.

Pendant la révolte de l'inde, les Irlandais s'étaient soulevés et, après une terrible et atroce guerre, soutenue des deux côtés avec un héroïsme sans pareil, ils finirent par obtenir leur indépendance.

Germanie.— Il s'était donc formé, dans le centre de l'Europe, un empire formidable, maitre de la Baltique qui était un lac germain, dominant dans la mer du Nord, se dressant dans la Manche en face de l'Angleterre, possédant le nord de l'Adriatique et ayant, dans la mer Noire et la Méditerranée, de nombreux débouchés par les ports des puissances liées par des traités de commerce.

Aux entrepôts de la Germanie, affluaient les matières premières de l'Afrique et de l'Asie où elles retournaient ensuite après avoir été manufacturées dans les vastes fabriques allemandes. Les ouvriers de ces fabriques, étaient recrutés, pour la plupart, dans les pays voisins. Les Italiens et les Français apportaient les goûts artistiques de leur race. Les travaux plus rudes étaient plus particulièrement dévolus aux Slaves.

Malgré la prospérité germaine, on constatait, chaque année, une diminution graduelle dans l'importance du commerce européen.

Deux longues et coûteuses guerres avaient paralysé la production anglaise en obligeant l'Angleterre à introduire chez elle le service militaire obligatoire. Quand elles avaient été terminées par les défaites, il avait fallu maintenir cette mesure pour se défendre d'une agression possible, ce qui avait mis la Grande-Bretagne dans la même position désavantageuse que le reste de l'Europe. Puis, après avoir perdu ses débouchés de l'Inde, après avoir été obligée de communiquer par le cap avec ses comptoirs orientaux et australiens. quand l'Angleterre avait voulu reprendre ses positions commerciales sur la côte occidentale d'Afrique, aux Antilles et dans l'Amérique du Sud. elle s'était trouvée en face d'une concurrence formidable.

Profitant des désastres européens, les Etats-Unis s'étaient soigneusement appliqués à développer leur industrie et à chercher de nouveaux débouchés. La dette était intégralement payée. Une discussion des plus orageuses avait eu lieu au dernier congrès parce que le gouvernement désirait maintenir l'effectif de l'armée à deux mille trois cent cinquante hommes tandis que l'opposition ne voulait accorder des fonds que pour dix-huit cent vingt-cinq soldats. En revanche le ministère avait rencontré l'unanimité pour sa proposition d'élever une statue à de Lesseps. Les impôts étaient très modérés. Pendant la grande guerre européenne, quelques milliers d'aventuriers étaient allés se joindre aux indépendants de la Havane qui, ayant chassé les Espagnols, avaient demandé et obtenu l'admission de la république cubaine, dans les Etats de l'Union. Quelques autres milliers d'émigrants yaukees avaient successivement chassé les autorités indigènes de trois états du nord-ouest du Mexique. Plus de cent millions d'hommes s'abritaient sous les plis du glorieux drapeau étoilé. Un grand nombre de Français avaient apporté leur goût pour fabriquer ces mille petits riens qu'on appelait auparavant l'article de Paris. Les Germains fuyant plus que jamais le service militaire, la Grande-Bretagne, les contrées slaves, les pays latins, fournissaient aussi de nombreux émigrants qui, voyant la misère s'étendre graduellement sur l'Europe, apportaient leurs bras, leur fortune et leur savoir à leur nouvelle patrie. Par ses propres mérites et par les fautes de l'Europe, les Etats-Unis étaient devenus un des plus puissants Etats du monde, et le plus riche par son industrie et son commerce.

La situation du commerce français était aussi précaire que celle de son pays.

Puissance exclusivement continentale, entourée de tous côtés par la Germanie ou ses alliés, la Suisse avait vu les matières premières et ses marchandises manufacturées, frappées d'un tel droit de transit que bientôt, les marchés étrangers lui avaient été fermés et qu'elle avait pu, à grand' peine, soutenir chez elle la concurrence des produits allemands.

La guerre avait plutôt ralenti que développé l'industrie et le commerce en Italie, en Espagne et dans la Confédération des Balkans.

Les quelques établissements industriels de la Russie avaient été fermés.

Au point de vue commercial, la Germanie était donc la première puissance de l'Europe et ne le cédait dans le monde qu'aux Etats-Unis.

Paralèllement à son industrie, la Germanie avait développé sa puissance militaire. Sur le pied de guerre, elle pouvait, facilement et promptement, mettre en ligne trois millions de soldats bien exercés et abondamment pourvus des armes les plus perfectionnées. Une flotte nombreuse, bien équipée, construite sur les données les plus récentes pouvait, avec succès, se mesurer avec les escadres de n'importe qu'elle puissance.

Enfin, de nombreuses colonies allemandes sur la rive gauche du Danube, à Gênes, à Marseille, préparaient la voie à un nouveau pas en avant du germanisme.

En Espagne, le prince de la Rive, qu'on avait surnommé le chancelier de cuivre, continuait à gouverner. Le premier ministre présidait aux électeurs, dissolvait les *Cortes* au premier signe d'opposition et faisait fusiller tous ceux qui prenaient part aux toujours nombreux *pronunciamentos*.

L'armée permanente avait été quintuplée depuis le commencemeut de la guerre, et on ne pouvait trop songer à la diminuer.

Le chancelier, qui rèvait de reconstituer l'empire de Charles-Quint, voulait faire épouser la fille unique du roi à l'héritier de la Germanie. Dans cette idée il avait envoyé cent mille hommes dans les anciennes colonies espagnoles afin de les reconquérir.

Au nom de la doctrine de Monroë, restreinte au nord du continent américain et aux Antilles, les Etats-Unis s'opposèrent seulement à ce que les troupes espagnoles occupassent des positions au nord des rivières *Atrato* et *San Juan*.

Un courrier apportait les nouvelles des splendides victoires remportées par l'armée espagnole à *Bogotà*, à *Lima*, et à *Buenos-Aires*, mais par le vapeur suivant on apprenait que les indépendants avaient réoccupé ces villes d'où ils étaient bientôt chassés par un nouveau triomphe des espagnols, après lequel les indigènes reprenaient leurs cités. De victoires en victoires, l'armée espagnole s'épuisait, par des marches dans les marais ou dans les cordillières, sous un ciel de feu ou sous des pluies diluviennes, pour surprendre un ennemi insaisissable auquel les maladies, le mal de montagne, les reptiles et les insectes même servaient d'auxiliaires car, à elle seule, la puce pénétrante avait mis hors de combat plusieurs milliers d'hommes.

On avait concentré deux corps d'armée sur la frontière portugaise car le roi de Portugal, n'ayant pas voulu traiter comme un égal le prince de la Rive, s'était aliéné la faveur du premier ministre espagnol qui pensait à faire revivre, pour le souverain voisin, le titre de duc de Bragance.

Il fallait aussi contenir les habitants français, guéris à jamais des opinions monarchiques, qui avaient fait du prosélytisme parmi les Espagnols du nord, presque tous républicains ou carlistes mais tous unis pour réclamer leurs fueros.

Dans le sud, la misère croissante avait apporté des renforts alarmants à la *main noire* qui, sous le couvert de ses ramifications secrètes, se préparait à l'assaut des institutions sociales.

Chose curieuse ! le peuple espagnol non-seulement était resté froid devant la conquête des provinces françaises mais la désapprouvait. La vieille générosité castillane s'était réveillée en faveur des vaincus. Le *dos de mayo*, qui rappelait le triomphe du droit sur une inique agression, n'était plus célébré que par le monde officiel qui échouait dans ses tentatives d'y faire participer le peuple.

Si la guerre n'avait apporté que des avantages contestables au point de vue politique, elle avait troublé profondément la situation économique du pays. Le crédit public était mort. L'Espagne avait cherché à placer un emprunt sur le grand marché financier de l'Europe, mais les banquiers germains n'avaient pas consenti à s'en charger. On avait dû suspendre le service de la dette, et vivre d'expédients pour tâcher de payer les dépenses que le budget de la guerre avait accrues dans une proportion considérable.

L'industrie et le commerce n'étaient pas dans une situation plus prospère. Le service militaire obligatoire, en enlevant des bras, avait rendu la main d'œuvre plus élevée. Les vins, qui formaient la branche la plus importante de l'exportation, avaient vu se fermer pour eux le marché de la France trop pauvre pour continuer à être la plus grande consommatrice de cette précieuse boisson.

Les articles manufacturés venaient pour la plupart, de la Germanie. Les commerçants espagnols regrettaient les produits français, et jusqu'à ces commis-voyageurs pleins de bonne foi et de gaieté dont quelques uns pourtant, pour placer un mot, avaient fait, par leurs moqueries, un mal incalculable à la France qu'ils faisaient détester. Les plaintes formulées par les négociants espagnols étaient arrivées aux oreilles de la *Kœlnische Zeitung* qui avait réédité un de ses anciens articles dans lequel la loyauté du commerce germain était représentée sous de tristes couleurs.

Au haut de l'échelle, il s'était opéré dans les mœurs un changement des plus curieux. Les courtisans et les officiers s'étaient germanisés. On parlait allemand à la cour et il était de bon ton pour ceux qui ne connaissaient pas cette langue d'émailler leurs discours de : *der Teufel !* ou autres expressions semblables.

Le plus sur moyen de parvenir, pour un militaire espagnol, était d'avoir toujours à la bouche une énorme pipe de porcelaine, car fumer la cigarette était devenu mauvais genre.

Dans les classes élevées, les femmes ne s'appelaient plus *Carmen*, mais *Gretchen*, et les *Pepitos* étaient devenus des *Fritz*.

La dignité et la grâce espagnoles avaient fait place à la raideur prussienne.

Cette germanisation avait élargi la distance qui séparait le peuple de l'aristocratie, car les espagnols, très attachés à leur langue, à leurs coutumes, à leur indépendance, ont en horreur tout ce qui est étranger.

En **Italie** la déclaration de guerre avait été accueillie avec enthousiasme par une grande partie de la nation qui avait hâte d'effacer Custozza. Une minorité avait bien essayé de protester ; mais ses timides objections avaient graduellement perdu de leur force à la nouvelle des triomphes obtenus par les alliés.

A leur retour, les troupes victorieuses avaient fait leur entrée solennelle dans Rome, aux acclamations d'une foule délirante.

L'Italie, qui, en 1859, n'était qu'une expression géographique, était entrée définitivement dans le concert des grandes puissances et son pouvoir grandissant allait bientôt, croyait-on, rappeler celui des Romains.

Pendant la première année de triomphe, dans toutes les villes de la péninsule se succédèrent des fêtes auxquelles prenait part un peuple ivre de joie.

Si un journaliste parisien se permettait d'insinuer que les Français avaient quelque peu contribué à faire l'Italie, les habitants des villes se réunissaient et, au son de la *marcia reale*, juraient de retourner à Paris pour y châtier l'insolence française.

Toute opposition avait cessé.

Les journaux portaient aux nues les membres du gouvernement actuel tandis que Victor-Emmanuel et Cavour étaient presque oubliés.

Le premier anniversaire de la bataille de Mâcon fut encore le signal de grandes réjouissances; mais pendant l'année qui le suivit, les gouvernants italiens remarquèrent de fâcheux symptômes. L'opposition relevait la tête et la minorité d'avant la guerre se réformait.

Dans toutes les grandes villes d'Italie, furent fondés des journaux qui demandaient la levée de l'état de siège dans les provinces annexées, l'exécution complète du traité de paix et, ce point obtenu, la réduction de l'armée.

Aux élections faites trois ans après la guerre l'opposition eut quelques représentants au Capitole.

Les années s'étaient succédées. Les esprits s'étaient calmés. Les résultats de la guerre apparaissaient tels qu'ils étaient.

La guerre n'améliore jamais la situation économique d'un pays ; mais dans le cas présent elle l'avait grandement empirée.

Pour se garder d'une agression possible de l'Allemagne qui occupait toujours le quadrilatère, pour contenir les provinces annexées, l'Italie avait dû maintenir ses effectifs sur le pied de guerre.

L'armée était habilement commandée et organisée ; mais son entretien nécessitait des dépenses considérables et enlevait des bras à l'agriculture et à l'industrie. Ces deux branches de la prospérité nationale étaient loin d'être florissantes.

L'agriculture ne trouvait plus, à l'extérieur, de marchés pour vendre ses produits.

L'industrie n'avait point fait un pas, car tous les esprits étaient tendus vers un autre objectif.

Les marchandises anglaises et françaises avaient été remplacées par des produits allemands, achetés d'enthousiasme après la guerre, mais dont on se plaignait maintenant.

Les négociants génois faisaient entendre des plaintes amères parce que tout le commerce de Gênes et de Marseille était passé aux mains des milliers d'allemands qui étaient venus s'y établir.

Le nombre des étrangers, qui, auparavant, affluaient dans les villes de la péninsule et sur le littoral italofrançais, avait diminué dans une proportion considérable par l'abstention des Russes, des Français et de beaucoup d'Anglais.

On avait dû rétablir le cours forcé et mettre un impôt de 35 0|0 sur les intérêts de la dette. Les banquiers germains ne voulaient plus se charger des emprunts italiens.

Après la guerre, tous les italiens s'étaient crus riches et depuis lors la misère n'avait cessé de s'étendre sur tout le pays et, avec elle, les doctrines anarchistes.

La situation politique n'était pas meilleure.

Quelques années après la guerre, le souverain mourut des suites d'un refroidissement. Les méchantes langues disaient : d'un refroidissement avec l'ami Fritz. Une princesse vertueuse, adorée du peuple, avait pris les rênes de la régence.

Malgré cela, la misère croissante, les déceptions de la nation italienne, d'autres causes qui vont être exposées, avaient considérablement renforcé le parti de l'opposition.

Il faut le dire, à l'honneur du gouvernement, l'instruction publique avait été largement et libéralement répandue. L'intelligente race italienne était maintenant au niveau des nations les plus civilisées et les travaux de ses savants ne craignaient aucune comparaison.

L'instruction avait modifié le caractère du peuple et lui avait appris à raisonner et à se défier des passions qui empêchent toujours de voir juste. L'opposition trouvait donc chaque année un renfort certain chez les jeunes citoyens qui entraient dans la vie publique.

Après la levée de l'état de siège dans les provinces annexées, l'opposition avait aussi trouvé un appui indirect dans les représentants de ces pays. La partie de la Provence, la Savoie, étaient franchement françaises. Le comté de Nice, au patois languedocien à peine italianisé pendant sa réunion au Piémont, la Corse avec son dialecte italien, provinces que les Italiens se félicitaient d'avoir *rédemptées*, envoyaient au Capitole des députés de la protestation. L'Italie avait maintenant son parti séparatiste.

L'ère des difficultés avait donc commencé pour l'Italie. Son sort ressemblait quelque peu à celui de ces jeunes hommes que la fortune mène d'abord par la main et qui, grisés par des succès faciles, qu'ils croient dûs à leur seul mérite, finissent par tomber dans une position des plus précaires.

L'Allemagne continuait non-seulement à occuper la Dalmatie, Trieste et Trente mais encore les places du quadrilatère. Aussi l'irritation devenait bien grande contre la Germanie. Ce sentiment avait commencé à prendre naissance lorsque les Italiens apprirent que le gouverneur allemand de Dijon y avait renversé la statue de Garibaldi pour mettre à sa place celle de *von Moltke*. Les journaux de l'opposition avait même publié quelques articles un peu vifs sur le délai que mettait la Germanie à remplir ses engagements et la *Nord deutsche Zeitung* avait répliqué, sur le même ton que, si l'Italie bougeait, quelques régiments germains auraient raison de cette canaille déguenillée. Les organes officieux italiens avaient sagement averti de dédaigner cette insulte qu'on devait même paraître ignorer.

L'opposition grandissait toujours. La situation était des plus tendues quand le ministre italien, surnommé le chancelier de caoutchouc, se décida à entreprendre le voyage de la Germanie pour y avoir une entrevue avec le prince de Deux-Marques.

A son arrivée à Mantoue, dont il put admirer les nouvelles fortifications, le ministre italien fut reçu par le général germain qui y commandait.

Sans s'arrêter, le chancelier continua sa route sur Vérone où le syndic, en le recevant à la gare, le harangua en allemand. Comme le ministre italien s'étonnait de l'emploi de cette langue, l'officier municipal lui fit observer que, l'allemand étant aujourd'hui la langue diplomatique, le maréchal gouverneur avait tenu à la faire enseigner aux Italiens qui avaient tant de dispositions pour la diplomatie.

Les deux personnages montèrent dans la voiture de gala qui leur était destinée. En face de la gare, en prenant la première rue, le ministre jeta les yeux sur la plaque indicatrice et lut avec stupéfaction : *Kaiser Strasse*. Il fit part de sa surprise au bourguemestre qui lui répondit que l'analogie de *strasse* et *strada* indiquait évidemment que l'allemand et l'italien étaient deux langues sœurs ; que par conséquent les deux peuples étant frères, on avait choisi pour l'inscription la langue que parlait le glorieux empereur dont la rue portait le nom. Ces raisons paraissaient si concluantes, que le ministre se tut, quand, arrivé à une place, il lut sur la plaque : *Wilhem Platz*.

La voiture continua sa route, saluée sur son passage par des *hoch ! hoch !* et arriva au palais du gouverneur où le vieux maréchal de Diable-homme, entouré d'un brillant état-major, reçut le ministre.

Rentré dans ses appartements, le chancelier résolut de sortir incognito pour se rendre compte de la situation et entendre la douce langue nationale. Après s'être infructueusement adressé, en italien, à plus de vingt passants, le ministre s'arrêta devant un établissement portant pour enseigne en grosses lettres ; *Restauration*, et en plus petits caractères : *si parla italiano*. Le cœur rempli d'espérance par ce premier mot qui peut-être dissimulait, sous une orthographe française, le nom d'un lieu de réunion des patriotes italiens, le chancelier entra joyeux mais s'arrêta presque aussitôt frappé de stupeur. Il était dans une taverne allemande, remplie d'une épaisse fumée de tabac, aux tables chargées de jambon cru et de verres de bière. Faisant contre fortune bon cœur, il s'assit et demanda, en italien, un plat de macaroni et une bouteille de Capri, à un garçon qui lui répondit par un *Ya !* retentissant et lui apporta de la choucroute et une bouteille de *Steinwein*.

La coupe débordait. Le ministre rentra au palais et dès le lendemain matin partit pour Berlin.

Dès son arrivée, le chancelier italien fut reçu par

son collègue germain avec qui il eut une longue conférence.

Le prince de Deux-Marques dit au ministre que, sans doute, il avait été promis à l'Italie de lui rendre la Vénétie et les pays cédés par l'Autriche ; que cette promesse il ne la retirait pas ; mais qu'il fallait différer son exécution jusqu'à des circonstances plus favorables. Depuis 1866, il avait promis aussi au Danemarck de lui rétrocéder une partie du Schleswig et il ne pouvait humilier et léser ce pays, aujourd'hui entré dans la Confédération Germanique, en faisant un passe-droit en faveur de l'Italie. Quant au quadrilatère, le chancelier germain objectait que, la France pouvant encore relever la tête, il était très important pour l'indépendance de l'Italie d'avoir toujours à sa portée une armée prête à la défendre. Enfin le prince de Deux-Marques insinua qu'il ne s'opposerait pas à l'annexion de quelques departements français, si l'Italie voulait donner à la Germanie un courtage honnête en Lombardie.

Le ministre italien eut beau se débattre, discuter la question sous toutes ses faces, il ne put qu'emporter la promesse que les pays italiens ou cédés seraient évacués six mois après le Schlewig danois.

Des indiscrétions rendirent bientôt public le résultat des démarches du chancelier italien et la nouvelle en fut reçue avec fureur et indignation par toute la péninsule.

Dans les journaux italiens, dans toutes les réunions politiques, on discutait ardemment la question des alliances que pourrait contracter l'Italie pour pouvoir, avec succès, déclarer la guerre à la Germanie afin de reprendre au moins le quadrilatère. Les plus exaltés étaient forcés de convenir que la dernière guerre avait mis au cœur de tous les slaves. russes ou autrichiens une haine implacable contre l'Italie ; que de tous les peuples latins aucun n'était, actuellement, en état de prêter un concours assez sérieux ; mais, ajoutaient-ils. puisque le pays ne pouvait espérer aucun appui extérieur il fallait faire revivre la vieille devise : *l'Italia farà da se.*

La raison avait maintenant trop d'empire dans la péninsule pour que la plupart des italiens crussent à l'efficacité de cette solution. De grandes fautes avaient été commises et il fallait maintenant s'appliquer à les réparer.

Autriche.—Si nous ne craignions pas d'employer une expression vulgaire, nous dirions que l'empereur d'Autriche avait troqué un cheval borgne contre un aveugle.

Avant la guerre, le souverrain avait à lutter contre toutes sortes de difficultés créées par l'hétérogénéité de son empire. Il se rendait alors parfaitement compte, que ses sujets allemands seraient, tôt ou tard, attirés par la grande puissance germanique à laquelle il ne s'était allié que pour atténuer, dans la mesure du possible, les inconvénients de cette tendance. Il n'avait probablement pas prévu qu'un résultat analogue se produirait dans ses nouveaux états et que l'unité germanique donnerait un nouvel élan aux aspirations vers l'unité slave.

Pendant la guerre, on avait mis en face les soldats autrichiens et russes sans pouvoir inculquer la moindre haine aux combattants. Les slaves étaient trop conscients de l'avenir de leur race pour que leurs gouvernements pussent sérieusement les désunir.

Les Polonais mêmes, qui voyaient germaniser leurs frères de Posen et de Varsovie, avaient oublié leurs justes griefs et comprenaient qu'entre la Germanie et la Slavie il ne pouvait y avoir de place que pour une Pologne unie au second de ces états.

Les Roumains et les Héllènes s'étaient tournés vers leurs frères à demi-indépendants et rêvaient d'une confédération réunissant seulement leurs deux races.

Conquis à de nobles et justes sentiments, les slaves favorisaient toutes les légitimes aspirations de leurs confédérés car ils comprenaient que la future Slavie serait assez grande sans des annexions étrangères qui affaiblissent la cohésion d'un pays.

Les nobles magyars étaient donc le seul ferme soutien de la monarchie des Habsbourg ; mais on pouvait prévoir le jour où, noyés dans les flots montants du Germanisme ou du Slavisme, ils disparaitraient absorbés par ces deux races. Prévoyant cette éventualité, le chancelier germain avait déjà fait des ouvertures au gouvernement autrichien à qui, en échange de la rive gauche du Danube, il offrait des compensations en Russie.

La Confédération des Balkans était loin d'être prospère. L'Autriche avait perdu ses provinces les plus industrielles et les plus commerçantes et le nouvel état n'était pas parvenu à établir des fabriques là où il n'en existait pas.

Les finances étaient dans un pitoyable état. Après des réductions successives, le service de la dette avait été suspendu, ce qui avait fait beaucoup crier les banquiers germains qui avaient refusé de venir en aide au trésor.

France. — Après la paix, la commune avait été proclamée à Paris. Elle avait supprimé le Sénat, la Chambre des députés, l'armée permanente, la magistrature et la police.

Le citoyen Blaguefort, délégué à l'exécutif, avait envoyé dans toutes les communes de France, avec l'ordre de résoudre toutes les questions en une minute et demie, des commissaires qui étaient devenus bientôt de petits tyranneaux dont on avait fini par secouer le joug en les mettant à la porte d'une façon peu parlementaire.

Paris avait esssayé de ressaisir, par la force, la suprématie, mais les municipes s'étaient ligués et leurs milices massées à Versailles avaient mis en déroute les Parisiens.

Paris fut obligé de reconnaître l'indépendance du reste de la France, mais on le laissa s'ériger en ville libre. Dix ans après il n'avait plus que 187,512 habitants.

Le sol de la vieille Gaule, de la France était partagé.

Dans les parties restées indépendantes, la population francaise diminuait par la faible natalité, par l'émigration et l'envahissement des peuples voisins.

La France était devenue un état pauvre, car sa riche industrie n'existait plus.

En faisant un retour sur le passé on pouvait retrouver les causes qui avaient amené l'abaissement de ce pays.

Dans l'industrie, dans le commerce, dans les choses privées, les Français étaient un des peuples les plus sages et même des plus routiniers de la terre ; mais ils avaient oublié d'apporter cette sagesse dans la politique qui n'est que l'ensemble des affaires de la nation.

Pendant leur révolution, les Français avaient voulu libérer l'Europe que, quelques années plus tard, ils mettaient sous le joug. Pourtant, plus que n'importe quel autre peuple, ils avaient généreusement et puissamment contribué à établir l'indépendance de plusieurs nations. Enfin ils avaient successivement fait adorer et détester la France, mais la haine dure hélas plus que l'amour.

En France, à de courts intervalles, on voyait les mêmes hommes soutenir alternativement la liberté sans limites ou le despotisme sans frein.

De même qu'ils ne savaient pas marcher à pas comptés mais résolus dans la voie du progrès, de même, à la guerre, les Français ne savaient se battre qu'en avant ou en arrière de la position qu'ils auraient dû occuper.

Autant, dans la vie privée, les Français étaient pratiques et aimaient la conciliation, le juste milieu, autant, dans la vie publique, ils aimaient les solutions extrêmes et les utopies.

Avides de changements politiques, les Français éprouvaient un besoin constant, irréfléchi, de s'engouer pour un homme, quelque peu digne qu'il fût, ou de s'enthousiasmer pour une idée, pratique ou non.

L'absence de raisonnement, l'amour des mots creux, l'influence excessive de Paris, la légèreté et la versatilité de caractère, en un mot, le manque d'esprit pratique et politique, avaient fait commettre bien des fautes aux Français. Leur actuelle expiation avait quelque raison d'être, car la France avait sa part de responsabilité dans l'amoindrissement de la Latinité et l'extension du Germanisme.

Russie. — Peu de temps après la guerre, le Czar était mort d'une de ces morts mystérieuses qui semblent l'apanage des souverains russes.

Proclamée régente, l'impératrice s'était hâtée de convoquer, à Moscou, les états de la noblesse qui avaient rédigé une constitution que la czarine avait promulguée. La charte donnait le droit de vote à tout citoyen russe pourvu d'une certaine instruction.

Mystiques, enthousiastes, les Russes reçurent la constitution avec des manifestations de la joie la plus ardente et du dévouement le plus absolu à la vertueuse souveraine. Nobles, bourgeois et paysans comprenaient que cet acte de sage politique avait sauvé leur race, et que la Russie avait retrouvé une grande mais noble et pure Catherine. L'Allemagne avait arraché quelques provinces russes, mais elle n'avait pas pu étouffer, dans les cœurs des slaves des deux côtés des Balkans, les aspirations vers l'unité.

Aucune branche de la race slave ne pouvait désormais redouter le despotisme de la Russie dont la libérale constitution offrait des garanties à tous ses citoyens.

Forte de ses millions d'hommes résolus à tout sacrifier pour s'unir, la Slavie pouvait, avec un juste et patriotique orgueil, prendre pour devise : la Slavie pour et par les Slaves.

La seule ombre au tableau était la situation financière et économique du pays ; mais les Slaves, peuple jeune, n'avaient point encore donné la mesure de leur force et avaient l'avenir devant eux.

4mo PARTIE.

Le vingtième siècle voyait donc le triomphe de la race germanique.

Depuis les Romains, la lutte, avec des alternatives de succès et de revers, s'était poursuivie entre les Germains et les Latins. Les premiers venaient d'établir leur hégémonie sur toute l'Europe que, peut-être, ils auraient déjà conquise et germanisée, si une race jeune, énergique, n'avait pas apporté un nouveau facteur au problème européen.

Des trois grandes races, germaine, slave et latine, les deux premières avaient une force d'expansion à peu près égale et ne pouvaient que, fort dfficilement, être assimilées par un autre peuple, tandis que les latins étaient loin d'offrir la même résistance à une dénationalisation.

L'union avait fait l'unité germanique. Le vingtième siècle verra peut-être aussi l'unité slave. Germains et Slaves savaient où ils allaient, avaient une politique.

Par leurs fautes, par leurs divisions, les Latins s'étaient suicidés. Ils n'avaient point compris qu'en face des aspirations unitaires des Germains et des Slaves, il ne pouvait y avoir de place que pour une Latinité unie.

Rome, Charlemagne, la première République française, avaient fait reculer le Germanisme, mais ces succès n'avaient rien fondé de durable.

A la fin du dix-huitième siècle, quand éclata, en France, le magnifique mouvement d'où sortit l'inoubliable déclaration des droits de l'homme, on put espérer un moment que la lutte allait se terminer par un baiser fraternel de tous les peuples de l'Europe. Les souverains firent alors tout ce qu'ils purent pour s'opposer à ces nobles tendances. Ils furent bientôt secondés dans ce dessein par uu homme qui devait tout à la révolution française dont il s'appliqua pourtant à détruire la grande œuvre.

Ne pensant qu'à satisfaire ses passions et son ambition, ne comprenant la patrie que jusqu'au point où elle se confondait avec ses intérêts, Napoléon, s'il fut un des premiers hommes de guerre du monde, suivit une politique funeste à l'humanité, à l'Europe, fatale à la France et contraire même au but qu'il pensait atteindre.

La politique n'est point l'art de faire vivre un peuple au jour le jour. Elle s'assure du présent, il est vrai ; mais elle doit surtout prévoir l'avenir en examinant soigneusement les conséquences des actes qu'elle veut accomplir.

Quand disparut Napoléon Ier, il laissa la race latine, amoindrie, divisée.

Avec un peu d'audace, la République Française de 1848, aurait pu, avec plus de chances encore que sa devancière, faire faire un grand et libéral pas à la paix universelle et à toutes les questions européennes; mais elle préféra rester honnête et elle ne voulut pas acheter la paix future même par une courte et facile guerre.

Napoléon III fut peut-être le premier qui eut le désir de réformer l'équilibre européen en prenant pour base les affinités de race ; et ce sera là son titre à l'indulgence de l'histoire. En 1859, il affranchit presque complètement l'Italie et, en 1866, il sacrifia les intérêts de son pays à son amour de la latinité ; mais des intérêts particuliers, dynastiques, lui firent retarder le couronnement de son œuvre, ce qui valut à la France le ressentiment d'un peuple impressionnable.

En 1870, un noble roi, vaillant guerrier et bon politique, eut la perception des périls que le Germanisme allait faire courir au monde latin.

Le bronze d'Arminius n'était pas encore refroidi, que des intérêts privés, particuliers, divisaient la latinité.

Les Latins, qui avaient pour voisins, partant pour ennemis, les Germains, n'avaient avec les Slaves que quelques points de contact, c'est-à-dire peu de motifs de divisions.

Dans les marchés qui avaient été offerts aux Latins, jamais le prince de Deux-Marques ne leur avait proposé un pouce de territoire germain, mais leur avait généreusement offert de s'agrandir aux dépens de leurs frères.

Assourdie par des sentiments étroits, la Latinité n'avait pas voulu entendre les Allemands proclamant à haute voix, qu'ils n'avaient qu'un but : l'unité germanique dont l'hégémonie était l'inévitable conséquence.

En aidant à réduire à l'impuissance leurs frères français et les Slaves, les Latins avaient contribué à fonder, sans contre-poids, l'omnipotence germanique et à détruire, à leur détriment, l'équilibre européen.

La suite de cette histoire, que nous nous réservons de continuer, nous dira quel a été, dans le vingtième siècle, le rôle des trois grandes races européennes.

Les Germains étaient unis.

Comme naguère Napoléon III l'avait tenté pour l'Allemagne, les Slaves étaient divisés en deux tronçons que la Germanie rêvait de séparer effectivement en s'étendant jusqu'au bouches du Danube.

La Latinité était amoindrie, divisée autant par les haines que par les frontières en plusieurs états qui pouvaient devenir une proie facile. Maîtres du nord et de l'est de la France, se souvenant de la devise des Hohenzollern : d'une mer à l'autre, les Germains portaient maintenant leurs regards vers le midi. La dernière carte des agrandissements futurs de la Germanie allait jusqu'à Marseille. Le Germanisme se préparait à s'enfoncer, comme un coin, au cœur de la Latinité.

Noël YAOUD.

(Le droit de traduction sera accordé, par l'auteur, aux personnes qui lui en feront la demande.)